AF870734

Beiträge

zur

Geschichte des germanischen Wartrechtes.

Von

Dr. Heinrich Brunner,
Geh. Justizrath, ordentl. Professor der Rechte an der Universität Berlin.

Berlin 1900.
Verlag von H. W. Müller.

Sonderabdruck aus

der Festgabe für Heinrich Dernburg.

In der neueren germanistischen Literatur ist es üblich geworden das Recht der Erben, das der Verfügungsfreiheit des Erblassers eine gewisse Schranke zog, als Wartrecht zu bezeichnen. Genau genommen dürfte man von einem Wartrechte nur sprechen, wo es sich um eine Anwartschaft an fremdem Vermögen handelt. Allein mit Fug wird das Wort in so weitem Sinne genommen, daß es auch die Fälle in sich schließt, in welchen die Beschränkung des Erblassers auf einer zwischen ihm und den Erben bestehenden Vermögensgemeinschaft beruht. Solcher Sprachgebrauch ist ein Bedürfniß, da nach dem Gange der historischen Entwicklung und nach Lage der Quellen eine feste Grenze zwischen Rechtsgemeinschaft und Anwartschaft nicht leicht zu ziehen ist und das Eigenthum sich nicht selten in eine Anwartschaft, ja die Anwartschaft mitunter in ein Eigenthum des Wartberechtigten umsetzt.

In der Zeit der Rechtsbücher ist das Erbenwartrecht, solange der Erblasser körperlich rüstig ist, auf Grundbesitz und immobiliare Rechte beschränkt. Es erscheint als Beispruchs- oder Widerspruchsrecht.[1] Dagegen findet sich in der Zeit der Volksrechte, daß das Wartrecht der Erben nicht nur den Grundbesitz, sondern auch das bewegliche Vermögen des Erblassers erfaßt.[2]

In der älteren Literatur, die das formelle sächsische Beispruchsrecht zum Ausgangspunkte nahm, wurde von Manchen die gemeingermanische Geltung des Wartrechtes geleugnet. Unter den Neueren hat seine Ursprünglichkeit mehr und mehr Anerkennung gefunden. So hat insbesondere

1) Die Unterscheidung von Beispruchs- und Widerspruchsrecht, wie sie sich aus Fippers Beispruchsrecht in Gierkes Untersuchungen III gemäß der Auffassung des Beispruchs als Consens ergeben würde, ist schon von Frensdorff im Register zu den Dortmunder Statuten S. 322 s. v. bispreken als irrthümlich zurückgewiesen werden.

2) Die maßgebende Anregung zur Unterscheidung älteren und jüngeren Wartrechtes gab Pappenheim, Launegild und Garethinx in Gierkes Untersuchungen XIV, S. 58 ff.

Schröder, der es früher nur bei den Sachsen hatte gelten lassen wollen, sich in seiner Rechtsgeschichte für den gemeingermanischen Charakter des Wartrechtes erklärt.[3]

Nun ist aber neuerdings Julius Ficker in seinen tief durchdachten Untersuchungen zur ostgermanischen Erbenfolge wieder für die schrankenlose Verfügungsfreiheit des Erblassers eingetreten.[4] Er findet sie insbesondere im fränkischen und im westgothischen Rechte. In dem Stammbaum, den er für die germanischen Rechte konstruirt, erscheint das fränkische Recht als das ursprünglichste in der westgermanischen, das gothische als das ursprünglichste in der ostgermanischen Gruppe. Soweit beide Rechte übereinstimmen, stünden sie dem germanischen Urrechte am nächsten,[5] das sonach eine Beschränkung der Verfügungsfreiheit des Erblassers nicht gekannt haben könne.

Ich kann die Richtigkeit des Stammbaums und die zwingende Kraft der ganzen Argumentation dahingestellt sein lassen, da ich die Vordersätze bestreiten muß, daß westgothisches und fränkisches Recht eine Beschränkung der Dispositionsfreiheit des Erblassers ursprünglich nicht gekannt hätten.

Um über die bloße Verneinung hinauszukommen und festen Boden zu gewinnen, würde es nöthig sein, sämmtliche Stammesrechte zu untersuchen. Diese Untersuchung im Rahmen dieser Festschrift durchzuführen, ist schlechterdings ausgeschlossen. Ich kann daher nicht umhin mich hier auf mehr oder minder aphoristische Bemerkungen zur Geschichte das Wartrechtes zu beschränken.

Die germanischen Rechte scheiden sich hinsichtlich der Verfügungsfreiheit des Erblassers in zwei Gruppen. Die ältere Gruppe bilden die Freitheilsrechte, das heißt die Rechte, nach welchen der Erblasser nur über einen Theil seines Vermögens zum Nachtheil der wartberechtigten Erben verfügen kann, indem ihm regelmäßig nur eine Quote für Vergabungen überhaupt oder doch wenigstens für Seelgaben freigegeben ist. Die jüngere Gruppe steht auf dem Standpunkt des formellen Beispruchsrechtes, das grundsätzlich jede auch die entgeltliche Veräußerung von Liegenschaften an die Mitwirkung der wartberechtigten Erben bindet. Anerkannte Typen sind auf Seite der Freitheilsrechte das langobardische[6]

---

3) Schröder, Deutsche Rechtsgeschichte, erste Aufl. S. 262, Anm. 78, dritte Aufl. S. 272, Anm. 50.

4) Erbenfolge I 229 f.

5) Erbenfolge I 88 f.

6) Pappenheim a. a. O. S. 61 ff. Vgl. Pertile, Storia del diritto italiano IV² 106.

und das bairische Recht,[7] auf Seite der Beispruchsrechte das sächsische Recht.[8] Gewissermaßen eine Brücke zwischen beiden Gruppen bietet die Lex Ribuaria dar. Unter den Freitheilsrechten heben sich als eine Untergruppe die Kopftheilsrechte hervor, nämlich jene, die den Freitheil mit Rücksicht auf die Zahl der wartberechtigten Erben als Kopftheil bemessen. Nach diesen Rechten kann z. B. der Vater, der nur einen Sohn hat, über die Hälfte, neben zwei Söhnen über ein Drittel, neben neun Söhnen über ein Zehntel seines Vermögens verfügen. Zu den Kopftheilsrechten gehören das langobardische, das bairische, das gothländische Recht, die schwedischen Götarechte, die dänischen Rechte, wahrscheinlich auch das alamannische und das thüringische Recht. Neben den Kopftheilsrechten giebt es Freitheilsrechte, in denen die Größe des Freitheils unabhängig ist von der Zahl der wartberechtigten Erben. Die Quote gestaltet sich in den einzelnen Rechten verschieden. Sie beträgt z. B. stets die Hälfte oder ein Drittel oder ein Fünftel oder ein Zehntel des Vermögens oder gewisser Güter, mag nun der Erblasser etwa nur einen Sohn oder zwei oder vier oder neun Söhne haben. Ich nenne diese Rechte Freitheilsrechte mit fester Quote. Zu ihnen zählt

das westgothische Recht.

In der Lex Visigothorum Reccessvindiana ist uns IV, 5, 1 ein Gesetz des Königs Chindasvind de non exheredandis filiis überliefert. Es möge hier nach den Eingangsworten als Lex dum inlicita bezeichnet werden. Der Gesetzgeber klagt, daß nicht selten Eltern oder Großeltern ihr Vermögen fremden Personen zuwenden und ihre Kinder oder Enkel in Dürftigkeit zurücklassen. Er schaffe daher das Gesetz ab, kraft dessen Eltern und Großeltern ihr Vermögen nach Belieben einem Fremden zuwenden dürfen und die Frau über ihre Dos nach Belieben verfügen kann:

> abrogata legis illius sententia qua pater vel mater aut avus sive avia in extraneam personam facultatem suam conferre, si voluissent, potestatem haberent, vel etiam de dote sua facere mulier quod helegisset in arbitrio suo consisteret. . . .

Im Gegensatz zum früheren Rechte beschränkt Chindasvind die Vergabungsfreiheit der Eltern und Großeltern und zwar in der Weise, daß

---

7) S. Adler, Ueber das Erbenwartrecht nach den ältesten bairischen Rechtsquellen 1891 in Gierkes Untersuchungen XXXVII. Derselbe, Eheliches Güterrecht und Abschichtungsrecht nach den ältesten bairischen Rechtsquellen 1893.

8) Fipper, Das Beispruchsrecht nach altsächsischem Recht 1879 in Gierkes Untersuchungen III.

wer Kinder oder Enkel habe, nicht mehr als ein Fünftel seines Vermögens an Kirchen, Freigelassene oder extranei vergaben und (IV, 5, 2) die mit Kindern oder Enkeln gesegnete Frau über ihre Dos nur zu einem Viertheil verfügen könne.

In der Lex Visigothorum Ervigiana beträgt der allgemeine Freitheil der Eltern und Großeltern gleichfalls ein Fünftel des Vermögens. Ebenso hat sich, wie Ficker bemerkt,[9] im späteren spanischen Rechte das Fünftel überall als Freitheil erhalten.

Aus der Lex dum inlicita folgert Ficker, daß im westgothischen Rechte ursprünglich unbeschränkte Vergabungsfreiheit gegolten und daß erst Chindasvind ein Wartrecht eingeführt habe.[10] Andererseits möchte er aber kaum bezweifeln, daß es schon vor Chindasvind westgothischer Sitte entsprach bei Vergabungen nicht über ein Fünftel hinauszugehen.[11]

Diese Schlußfolgerung scheint mir nicht zwingend zu sein. Sicher ist, daß Chindasvinds Satzung einen älteren Rechtssatz abänderte, kraft dessen die Vergabungsfreiheit eine unbeschränkte war. Allein dieses ältere abgeänderte Recht stellt sich nach dem Wortlaut der Lex dum inlicita selbst wieder als das Ergebniß einer Satzung dar, die einerseits die Vergabungsfreiheit der Eltern und Großeltern ausgesprochen, andererseits der Frau die volle Verfügung über die Dos gestattet hatte. Wie Chindasvind in der Lex dum inlicita (IV, 5, 1) die elterliche Vergabungsfreiheit auf ein Fünftel einschränkt, so giebt er in der unmittelbar folgenden Lex (IV, 5, 2) der Frau, die Kinder oder Enkel hat, nur ein Viertel ihrer Dos für Vergabungen frei. Diese Lex beginnt mit der Motivirung: quia mulieres, quibus d u d u m c o n c e s s u m fuerat de suis dotibus iudicare quod voluissent, ihre Dos mit Schädigung ihrer Kinder oder Enkel Männern zuwenden, mit denen sie in unlauterem Verhältniß leben... Demnach war den Frauen vorher die freie Verfügung über die Dos concedirt worden. Diese Concession erfolgte durch jenes Gesetz, von dem es in der Lex dum inlicita heißt: abrogata legis illius sententia. Daraus folgt, daß auch die Vergabungsfreiheit der Eltern und Großeltern durch jenes dudum erlassene Gesetz eingeführt worden war, das die Lex dum inlicita aufhebt. Denn als Inhalt der Lex abrogata wird daselbst die elterliche Vergabungsfreiheit und die Verfügungsfreiheit der Frau über die Dos genannt.

Jenes abgeschaffte Gesetz, das uns leider nicht überliefert ist,

---

9) Erbenfolge IV 104.
10) Erbenfolge I 274, 268, IV 104 f.
11) Erbenfolge IV 104.

stammte von König Eurich her, wie sich aus folgender Erwägung ergiebt. In den uns erhaltenen Fragmenten der Leges Eurici enthielt c. 319 die Satzung, daß die Wittwe, was ihr der Mann gegeben habe (donaverit), post obitum suum relinquendi cui voluerit habeat potestatem. Lex Visig. Reccessv. V, 2, 5, als Antiqua bezeichnet, fügt hinter den Worten post obitum suum die Bedingung ein: si filios non habuerit. Diese bedeutsame Interpolation entspricht einer Neuerung, die in einer anderen Antiqua, in der Lex si mulier V, 2, 4 enthalten ist. Darin wird eine Verfügungsbeschränkung eingeführt, die Eurichs Gesetzgebung in einem bestimmten Punkte abändert. Ueber Gaben nämlich, welche die Frau extra dotem vom Manne erhalten hatte, soll sie, wenn sie von ihm Kinder hat, nur bis zu einem Fünftel verfügen können. Da diese Satzung sich schlechtweg als Antiqua bezeichnet, kann sie nicht von Chindasvind herrühren, zumal dieser in seiner Lex dum inlicita die Verfügungsfreiheit der Frau zu beschränken nur veranlaßt ist, soweit sie die Dos, aber nicht soweit sie Gaben des Mannes extra dotem betrifft. Die Lex si mulier muß, wie überhaupt die Gesetze der Reccessvindiana, die „als Antiqua ohne den Zusatz emendata bezeichnet sind, in derselben Gestalt schon im Codex revisus Leovigilds gestanden haben.“[12] Da sie Eurich 319 derogirt, kann sie nur von Leovigild herrühren, dem auch die Interpolation in Lex Visig. V, 2, 5 angehört. Nach alledem hatte die Größe des Freitheils, wie sie Chindasvind allgemein bestimmte, schon im Codex Leovigilds an der beschränkten Verfügungsfreiheit der Frau über Gaben extra dotem ein Vorbild besessen. Während nach römischem Rechte Schenkungen unter Ehegatten bekanntlich nichtig waren, behandelte das westgothische Recht Gaben des Mannes, die an die Frau erfolgten ohne zur Dos zu gehören, als rechtswirksam.[13] Bei solchen Gaben lag aber die Gefahr einer Beeinträchtigung der Kinder besonders nahe, wenn die Frau ohne jede Beschränkung darüber verfügen konnte. So erklärt es sich, daß die legislative Reaction gegen die von Eurich eingeführte Verfügungsfreiheit zuerst in diesem Punkte einsetzte, indem sie von Leovigild zu Gunsten der Kinder auf ein Fünftel der Gaben extra dotem beschränkt wurde.

Ist die Vergabungsfreiheit von Eurich gesetzlich eingeführt worden, so werden wir füglich annehmen dürfen, daß sie vor Eurich bei den Westgothen nicht Rechtens war. Denn welchen Anlaß sollte Eurich gehabt haben sie den Eltern und Großeltern gesetzlich zuzusprechen, wenn

12) Zeumer, Geschichte der westgothischen Gesetzbung I, im Neuen Archiv der Gesellschaft für ältere deutsche Geschichtskunde XXIII 488.

13) Vergl. Dahn, Westgoth. Studien S. 124 f.

bei den Westgothen von jeher Jedermann beliebig über sein Vermögen verfügen konnte. Ficker beugt diesem Einwurf dadurch vor, daß er annimmt, die Beschränkung der Vergabungen auf ein Fünftel des Vermögens sei vor Eurich zwar nicht Rechtens aber Sitte gewesen.

Sitte nennt Ficker im Gegensatz zum Recht Normen, deren Einhaltung zwar erwartet aber nicht erzwungen wird. Demnach konnte schon vor Eurich der Vater zum Nachtheil seiner Söhne sein Vermögen einem Fremden zuwenden, ohne daß die Rechtsordnung sich darum kümmerte. Er handelte zwar gegen das Uebliche; allein wenn die benachtheiligten Söhne sich an den Richter wandten, wurden sie abgewiesen. Sollte bei solcher Bewandtniß der Gesetzgeber einen Anlaß gehabt haben, die schrankenlose Verfügungsfreiheit gesetzlich auszusprechen? That er dies, so blieb der Stand der Dinge derselbe wie zuvor. Die abweichende Sitte behielt freien Spielraum. Denn der Einzelne wurde natürlich nicht gezwungen, mehr als ein Fünftel seines Vermögens zu vergaben. Ein Anlaß zu legislativem Einschreiten lag nur vor, wenn ein Rechtssatz bestand, der der Verfügungsfreiheit Schranken setzte.[14]

Weit wahrscheinlicher als der von Ficker vermuthete Gegensatz von Sitte und Recht ist die Voraussetzung, daß vor Eurich der Westgothe kraft Gewohnheitsrechtes nur über eine Quote seines Vermögens verfügen konnte, daß sich trotz der Neuerung Eurichs, welche die volle Vergabungsfreiheit einführte,[15] die Sitte an die durch das frühere Recht gezogene Schranke zu halten pflegte, und daß im Anschluß daran zunächst Leovigild für Gaben extra dotem, dann Chindasvind allgemein die Vergabungsfreiheit auf ein Fünftel beschränkte.

Da nach Ficker die familienrechtliche Gebundenheit des Vermögens auch bei den Burgundern zwar Sitte aber nicht Rechtssatz gewesen sein soll, wird es nöthig zunächst auf das burgundische Recht einzugehen.

---

14) Immerhin wäre es möglich, daß der Anerkennung des Wartrechtes in den öffentlichen Gerichten eine Vorstufe vorausging. Diese hätte aber dann nicht in der Sitte der Hausväter bestanden, sich bei Vergabungen an einen herkömmlichen Freitheil zu halten, sondern in einem in den Sippeverbänden geltenden Rechtssatz, dessen Verletzung sie wie jede andere Verletzung von Sippepflichten zu ahnden in der Lage waren. Hier ausgebildet mag er dann von den öffentlichen Gerichten aufgenommen worden sein, als es sich bei Contestationen mit Dritten um die Nichtigkeit oder Anfechtbarkeit von Vergabungen handelte. Ehe der Gesetzgeber sich um das Wartrecht kümmerte, mußte es bereits aufgehört haben bloß internes Recht der Sippeverbände zu sein und in den öffentlichen Gerichten Wurzel gefaßt haben.

15) Vielleicht mit Rücksicht auf die arianische Kirche. In den Staaten der arianischen Germanen wurde der arianischen Kirche der Concurrenzkampf mit der römischen durch das Wartrecht erschwert.

Die Lex Burgundionum.

Sie enthält über das Wartrecht der Söhne in verschiedenen Constitutionen widersprechende Vorschriften. Streitig ist es, in welcher Reihenfolge sie erlassen wurden.

Das ältere Recht enthalten meines Erachtens die Titel 24 und 51.[16] Nach Lex Burg. 24, 5 kann der Burgunder, der seinen Söhnen ihren Antheil herausgegeben, über das, was ihm bleibt, beliebig verfügen. Die Stelle setzt voraus, daß ihm vor der Abtheilung mit den Söhnen die Verfügungsfreiheit über sein Vermögen fehlte.

Nach Lex Burg. 51 ist es bei den Burgundern von Alters her so gehalten worden, daß der Vater sein Vermögen mit den Söhnen aequo iure theile.[17] Aus Anlaß eines bestimmten Falles, in welchem ein Vater sein Vermögen vergabt hatte, ohne vorher dem Sohne die debita portio herauszugeben, wird bestimmt, daß die rechtswidrige Vergabung kraftlos sein und das gesammte vergabte Gut an den wartberechtigten Erben fallen solle. Die Vergabung wird also nicht etwa theilweise, nämlich für den Freitheil aufrecht erhalten; sie wird auch nicht etwa so behandelt, als wäre sie nicht geschehen, sondern das vergabte Gut fällt an die Söhne.

Eine Satzung, die den ursprünglichen Text von Titel I, 1 ersetzte, traf die Neuerung, daß der Vater schon vor der Abtheilung mit den Söhnen über seinen Antheil — ausgenommen das Landloos — verfügen könne. Quia nihil de praestita patribus donandi licentia ... legibus fuerat constitutum, praesenti constitutione decrevimus, ut patri etiam antequam dividat de communi facultate et de labore suo cuilibet donare liceat, absque terra sortis titulo adquisita, de qua prioris legis ordo servabitur.

Deutsche Rechtsgeschichte I, 337 nahm ich an, daß in Lex Burg. I, 1 der ursprüngliche Text durch eine adcapitulirte Novelle eine etwas unbeholfene Ueberarbeitung erfahren habe, die den Eingang des früheren Textes stehen ließ.

Dagegen führt Ficker[18] aus, daß Titel I, 1 uns in seiner ursprünglichen Fassung überliefert und älter sei als Titel 24, 5 und 51. Die vorherige Abschichtung sei früher nur durch die Sitte, nicht durch

16) Diese Meinung hat schon Gaupp, Die germanischen Ansiedlungen und Landtheilungen 1844, S. 352 vertreten.

17) Quamlibet haec in populo nostro antiquitus fuerint conservata, ut pater cum filiis propriam substantiam aequo iure divideret.... Nur zwei Handschriften B 7. 8 sagen fuerit consuetudo servata. Ficker nimmt I 272 consuetudo in den Text auf und sieht darin die Sitte im Gegensatz zum Recht.

18) Erbenfolge I 272.

das Recht verlangt worden, erst die jüngere Gesetzgebung habe die Sitte zum Rechte erhoben. Gegen meine Auffassung liege das Bedenken vor, daß man in Titel 1 den nach der Umarbeitung nicht mehr passenden Eingang habe stehen lassen. Allein der Eingang ist auf alle Fälle unpassend. Denn er besagt, daß die Leges über die Verfügungsfreiheit der Väter nichts bestimmt hätten, während der Schluß des Satzes hinsichtlich der Landloose auf den prioris legis ordo verweist, unter dem doch sicherlich nicht die Sitte im Gegensatz zur Lex verstanden werden kann. Lex Burg. 1, 1 widerspricht nicht nur den Rechtssätzen in Titel 24, 5 und 51, sondern widerspricht sich selbst. Die überlieferte Fassung kann daher nicht die ursprüngliche sein.

Ficker legt den Titel 1, 1 dahin aus, daß darin das Recht des Vaters zu ganz willkürlicher Vergabung bezüglich des ganzen Vermögens ausdrücklich ausgesprochen werde. Das sei schon vorher im Gegensatz zur Sitte Recht gewesen.[19] Dagegen fällt ins Gewicht, daß das Erbgut des Vaters als communis facultas bezeichnet wird, worunter selbstverständlich nur ein dem Vater und den Söhnen gemeinsames Vermögen verstanden werden kann.[20] Der Begriff der communis facultas ist ein Rechtsbegriff, der ein Antheilsrecht der Söhne voraussetzt und aus der im Gegensatz zum Rechte stehenden Sitte nicht gewonnen werden kann. Ich halte es für schlechterdings unmöglich, daß der burgundische Gesetzgeber das väterliche Vermögen in communis facultas und labor schied zu einer Zeit, da der Vater von Rechtswegen ganz willkürlich über beide verfügen konnte.

Titel 1 rechnet mit einem rechtlichen Antheil der Söhne am väterlichen Gute und läßt ihn für die Zukunft bestehen. Er giebt dem Vater nicht etwa das Recht willkürlich über die communis facultas, sondern nur die Befugniß über seine portio daran zu verfügen. Er darf dies — und das ist die Neuerung — ehe er den Söhnen ihre portio herausgegeben hat, während das ältere Recht eine Vergabung erst nach erfolgter divisio gestattete.

Der Freitheil des Vaters scheint nach burgundischem Rechte nicht einen Kopftheil, sondern die Hälfte zu betragen.[21] Aequo iure ist nach Lex Burg. 51, 1 die propria substantia mit den Söhnen zu theilen.

---

19) Erbenfolge I 273.

20) Vgl. Lex Burg. 75, 2: quod si filius omnia cum patre indivisa possederit; 75, 1: debita facultatis portio. Man beachte auch, daß in Titel 1, 2 vorausgesetzt wird, daß im Fall der Theilung die Söhne portiones suas fuerant consecuti.

21) Dieser Ansicht sind Gaupp, Ansiedlungen S. 352, Ficker, Erbenfolge I 273.

Als Halbtheilung wird in Lex Burg. 53, 2 die divisio aequo iure et ordine zwischen der Wittwe und den Vatermagen ihres Mannes erläutert. Die medietas erscheint in Lex Burg. 75 als Freitheil des Vaters, wo allerdings nur mit einem Sohne exemplificirt wird. Auch die jüngeren burgundischen Rechte weisen auf Halbtheilung hin.[22]

Vor der Abtheilung besteht zwischen Vater und Söhnen eine Rechtsgemeinschaft zu Hälftungsrecht.[23] Das Wartrecht der Söhne ist Consequenz ihres Antheils am gemeinsamen Vermögen. Stirbt ein bereits abgeschichteter Sohn vor dem Vater, ohne Kinder zu hinterlassen, so fällt sein Vermögen nach Lex Burg. 51, 2 an den Vater, aber so, daß es dessen übrigen Söhnen, den Brüdern des Verstorbenen, verfangen bleibt. Der Vater darf nichts davon veräußern. Stirbt er, so gelangt es an die zur Zeit seines Todes vorhandenen Brüder des Vorverstorbenen. Das Vermögen des nach seiner Abschichtung gestorbenen Sohnes wird also nicht etwa communis facultas des Vaters und seiner noch lebenden Söhne,[24] so daß etwa die Hälfte dem Vater, die Hälfte den Söhnen gebührte, sondern der Vater erwarb daran ungetheiltes, aber unveräußerliches Eigenthum. Die Söhne haben an dem, was der Vater von ihrem Bruder ererbt hat, nur eine Anwartschaft, ein Wartrecht im engeren Sinne. Dieses vererbt nicht auf die Kinder der wartberechtigten Söhne. Stirbt einer von ihnen mit Hinterlassung von Söhnen, so haben diese neben ihren Oheimen bei Beerbung des Großvaters kein Erbrecht in jenes verfangene Gut.

Dagegen faßt eine Novelle, Lex Burg. 78, die den Titel 51 abändert, das Recht, das der Vater an dem Vermögen des abgeschichteten Sohnes nach dessen Tod erwirbt, nur als Nießbrauch auf, pater ... filii integram usufructuario iure vindicet portionem.[25] Das Eigenthum fällt sofort an die Brüder des Verstorbenen. Wenn dann einer von ihnen stirbt, ehe jener Usus fructus erloschen ist, so erhalten seine Söhne nach dem Tode des Großvaters in Konkurrenz mit ihren Oheimen den Antheil ihres Vaters. Damit entsteht der Schein, aber auch nur der Schein eines Eintrittsrechtes.[26] In Wahrheit fällt nur der Usus fructus des Großvaters an jenem Vermögen hinweg, dessen nuda proprietas zum Theil auf die Enkel als Erben ihres parens übergegangen war.

---

22) Ficker, Erbenfolge II 123 f.

23) So auch Ficker, Erbenfolge II 123.

24) Deren Abschichtung gleichfalls vorausgesetzt ist.

25) In Lex Burg. 51, 2 heißt es: pater successionem suis partibus vindicabit.

26) Ein wirkliches Eintrittsrecht ist in der Lex Burg. noch nicht anerkannt. Ficker, Erbenfolge II 120 f.

An Stelle des lebenslänglichen unveräußerlichen Eigenthums, das die ältere Konstitution 51, 2 dem Vater an dem Vermögen des verstorbenen Sohnes gewährt, giebt ihm die Novelle ein Nießbrauchsrecht, während die Anwartschaft der Brüder des Verstorbenen in Eigenthum umgewandelt wird. Man dürfte kaum fehl gehen, wenn man diese Umwandlung auf den Einfluß römisch-rechtlicher Anschauungen zurückführt. Sie bietet im Kreise der germanischen Rechte meines Wissens das älteste quellenmäßige Beispiel jener Entwicklung dar, die ein beschränktes Eigenthum in ein Nutzungsrecht an fremder Sache, ein Anwartschaftsrecht in Eigenthum umsetzt.

Das salfränkische Recht.

Am meisten bestritten ist die Existenz eines Wartrechtes bei den salischen Franken. Auch im westfränkischen Rechte war nach Ficker volle Verfügungsfreiheit der Ausgangspunkt der Entwicklung.[27] Alle Schranken, die sich später in vielen Coutumes finden, seien jüngeren Ursprungs.

Einen unzweideutigen Beweis findet Ficker in der Formel Markulf II, 9.[28] Sie ist eine sogenannte carta obnoxiationis, die ein Vater seinen Kindern ausstellt. Der Vater hatte seiner Frau aus Anlaß der Eheschließung gewisse Grundstücke per libellum dotis geschenkt. Nach ihrem Tode erstritten die Söhne in einem Rechtsstreite mit dem Vater die Herausgabe der Dotalgrundstücke. Daraufhin schließt der Vater mit den Söhnen einen Vertrag ab, kraft dessen er die Dotalgrundstücke in Nutzung behalten (ad usum beneficii tenere) soll, während er gewisse andere Grundstücke, die ihm gehören, gleichfalls nur nach Art eines Precariums nutzen will und auf die Freiheit, darüber zu verfügen, verzichtet. Mit Recht bemerkt Ficker,[29] daß diese Selbstbeschränkung den

---

27) Erbenfolge III 289, 380. Doch fehlt es bei Ficker nicht an Bemerkungen, die mir eine Verständigung wenigstens zum Theile offen halten. Denn IV 372 bemerkt er, mit dem Freitheil der Eltern sei der Satz, daß jeder über sein Gut unter Lebenden verfügen könne, wie er wolle, durchaus vereinbar; es wurde dann eben nur sein Antheil am Gemeingute als sein Eigenthum betrachtet. Andererseits giebt er es IV 204 als möglich zu, daß sich in vielen französischen Rechten die Auffassung festgestellt habe, daß das Gut des Vaters Gemeingut des Vaters und aller seiner Kinder sei.

28) Die noch angeführte Formel Merkel 22 kann, weil zum Theil der des Markulf entlehnt und soweit selbständig ohne maßgebenden Inhalt, hier außer Betracht bleiben.

29) Erbenfolge III 382.

Charakter der Gegenleistung habe und davon nicht hätte die Rede sein können, wenn der Vater ohnehin von seinem Gute nichts hätte veräußern können. Allein der Inhalt der Formel schließt nur ein Wartrecht der Söhne am gesammten Grundbesitz des Vaters aus. Die Güter, deren Verfangenschaft das Entgelt für die Einräumung des Nießbrauchs an der Dos bilden sollen, können sehr wohl zum Freitheil des Vaters gehört haben. Waren die Söhne abgeschichtet, so konnte der Vater über das, was ihm verblieben war, frei verfügen. Daß die Söhne bereits selbständig waren, ergiebt der gegen den Vater erhobene Rechtsstreit, auf Grund dessen sie das Gut der Mutter in sua potestate receperunt.

Das Fehlen des Wartrechtes am Vatergute will Ficker[30] daraus erklären, daß bei den Westfranken in der Dos an und für sich den Kindern ein großer Theil des ursprünglichen Vatergutes gesichert war. Die gesetzliche Dos der Frau habe die Hälfte von dem Vermögen des Ehemanns betragen. Den Kindern sei sie derart verfangen gewesen, daß nicht nur der Vater, sondern auch die Muttter nichts davon veräußern konnte. So ansprechend diese Erklärung ist, so läßt sie sich doch für das ältere Recht nicht aufrecht erhalten,[31] da sich aus den Quellen ergiebt, daß die Dos in den Händen der Mutter nicht nothwendig unveräußerlich war. Gegen die Unveräußerlichkeit sprechen nicht nur die Formeln, in denen der Mann seiner Frau die unbedingte Veräußerungsfreiheit über die Dos einräumt,[32] sondern auch einzelne Urkunden. So heißt es noch 905 in Chartes de Cluny nr. 88: tercia porcione sub integro tibi cedo et secundum lege mea salica manibus tibi trado perpetualiter ad abendum vendendum donandum seu liceat tibi commutandum et sicut lex mea salica commemorat faciendum.[33] Insbesondere fällt ins Gewicht eine bisher vielfach mißverstandene Urkunde von 572.[34]

Die Wittwe des Leogisilus Namens Bethta hatte mit ihren vier Kindern vereinbart, daß sie zwei Drittel von den Gütern ihres Gatten et suam terciam zum Nießbrauch haben und nach ihrem Tode das Ganze an die Kinder gelangen solle. Tercia ist technischer Ausdruck für die vom Manne der Frau am dritten Theile seiner Güter bestellte Dos.[35]

---

30) Erbenfolge III 289, 375 ff.

31) A. O. III 375 bemerkt Ficker: dagegen möchte ich nicht bezweifeln, daß bei den Franken die Verfangenschaft der Dos auf ältestes Recht zurückgeht.

32) H. Brunner, Die fränkisch-romanische Dos, Berliner S.B. 1894, S. 569.

33) Thévenin, Textes relatifs aux institutions privées et publiques aux époques mérovingienne et carolingienne 1887, nr. 176.

34) Thévenin, a. O. nr. 53. Pardessus nr. 179.

35) In meinem Aufsatze, Die fränkisch-romanische Dos, Berliner Sitzungs-

Bethta schloß mit ihren Kindern einen Verfangenschaftsvertrag, eine obnoxiatio ab, ähnlich der, die in Markulf II, 9 der Vater mit den Kindern eingegangen war. Der Vertrag setzt voraus, daß sie über die Dos hätte frei verfügen können. Ihre Gegenleistung für die Gewährung des Nießbrauchs am Erbtheil der Kinder bestand in der Bindung der Tertia. Nach Abschluß jener Vereinbarung starb eines der vier Kinder des Leogisilus und der Bethta Namens Erminfrid. Indem sie sich als seine Erbin betrachtete, verkaufte Bethta, die inzwischen Nonne geworden war, den dem Erminfrid an dem Nachlasse seines Vaters gebührenden Erbschaftsantheil für 200 Solidi an die Kirche des heiligen Vincenz zu Le Mans. Die drei noch lebenden Kinder der Bethta fochten aber jene Veräußerung an, indem sie sich auf die Urkunde beriefen, in der die Mutter den Verfangenschaftsvertrag eingegangen war. Der Streit wurde durch einen Vergleich zwischen der Kirche und den Kindern der Bethta erledigt, kraft dessen der Antheil des Erminfrid im Orte Mansiones den Kindern ungetheilt zufallen,[36] dagegen das, was in Bariaco, in Soliaco und in Briscino dem Erminfrid gebührt hätte, zwischen dem Kloster und den Kindern aequali lance getheilt werden solle. Der Streitpunkt war nicht der, daß, wie Ficker annimmt,[37] die Veräußerung mütterlichen Erbgutes auf Grund eines Wartrechtes der Kinder angefochten wurde, sondern es handelte sich um die Konsequenzen der carta obnoxiationis, die in der Urkunde von 572 als eine carta ambagibalis, als eine dunkle, zweideutige bezeichnet wird. Die Kinder hatten nach dem Tode des Vaters dessen Erbe nicht getheilt, sondern es ungetheilt der Mutter zur Nutzung überlassen. Als Erminfrid starb, fiel sein Antheil von Rechtswegen in die geschwisterliche Gemeinschaft; denn was in der Gemeinschaft erstirbt, erbt in die Gemeinschaft.[38] Was die Tertia betrifft, die sich im Sondereigenthum der Mutter befunden hatte, ließ sich geltend machen, daß die Mutter als Erbin des Erminfrid von der obnoxiatio für dessen

---

berichte 1894, S. 573, Anm. 6 ließ ich es noch unentschieden, ob es sich da um ein Errungenschaftsdrittel oder um eine Dos handle. Allein die Beziehung auf die Errungenschaft wird man fallen lassen müssen, da der Antheil der Frau daran in den Quellen, so viel ich sehe, niemals schlechtweg als tercia sua bezeichnet wird, wogegen dieser Ausdruck für die Dos nicht nur durch die jüngeren Quellen, sondern, was ich damals übersehen hatte, schon durch Markulf II, 17 belegt ist. Siehe unten Seite 53. Die Bestellung der Tertia ist nicht erst seit dem 9. Jahrhundert üblich geworden, wie unter anderen auch Schröder, Deutsche Rechtsgeschichte 3. Aufl. S. 312 annimmt.

36) Quarta parte, quam Ermenfredo in Mansiones debitum erat.

37) Erbenfolge III 391. Derselben Ansicht v. Amira, Erbenfolge nach altniederdeutschen Rechten 1874, S. 55.

38) Ficker, Erbenfolge III 380.

Antheil befreit worden sei. Darauf mag es beruhen, daß die Kirche durch den Vergleich an einem Orte nichts, an drei anderen Orten die Hälfte der dem Erminfrid gebührenden portio erhielt.[39] Wie dem auch sei, jedenfalls setzt die Urkunde von 572 eine Dos voraus, die den Kindern nicht von Hause aus verfangen war, sondern erst durch die carta obnoxiationis der Mutter in das Verhältniß der Verfangenschaft gelangte.

Freie Verfügung über die Tertia liegt auch dem wechselseitigen Testamente bei Markulf II, 17 zu Grunde. Die Frau wendet darin dem Manne, wenn er sie überleben sollte, ihr ganzes Vermögen, nämlich ihr Erbgut, ihren Errungenschaftsantheil und was sie als Tertia empfangen hat,[40] zu unbeschränktem Eigenthum zu. Quicquid exinde facere eligeris aut pro animae remedium in pauperes dispensare aut ad vassos vel bene meretis nostris absque repetitione heredum meorum quod tua decreverit volontas faciendi liberam habeas potestatem et post discessum vestrum quod non fuerit dispensatum ad legitimos nostros revertatur heredes. Die Formel ist nicht für eine unbeerbte, sondern für eine beerbte Ehe berechnet. Es wird nicht wie in der verwandten Formel Markulf II, 7 die Kinderlosigkeit der Ehe als Motiv der Verfügung angegeben. Vielmehr ernennt der Ehemann in seiner Verfügung neben seiner Gattin ausdrücklich seine Söhne zu Erben, dulcissima coniux mea vosque dulcissimi filii mei heredes meos esse volo. Daß es sich da um Söhne aus einer anderen Verbindung handle, bietet die Formel umsoweniger einen Anlaß vorauszusetzen, als in dem einzigen Formular eines libellus dotis, das Markulf enthält (II, 15), der Frau schlechtweg unbedingte Verfügungsfreiheit über die Dos gewährt wird.

Enthalten salische Urkunden und Formeln unabweisbare Beläge, daß die Frau über die Dos unbedingt verfügen konnte und trotz des Vorhandenseins von Kindern verfügte, so läßt sich wenigstens für das

39) Das könnte etwa thatsächlich dem Antheil des Verstorbenen an der Tertia entsprochen haben.

40) omni corpore facultatis meae quantumcumque ex successione parentum habere videor vel in tuo servitio pariter laboravimus et quod in tercia mea accepi. Was sie in tercia empfangen, kann nicht die Errungenschaft sein, die daneben ausdrücklich genannt ist, zumal die Frau davon nicht sagen könnte, daß sie sie empfangen habe. Denn die Aussonderung des Errungenschaftsdrittels erfolgt erst nach Auflösung der Ehe. Auch an das in der Formel vom Manne für die vergabte Errungenschaft bestimmte Ersatzgut (Zeumer, Formulae p. 87, al. 1, 2) kann nicht gedacht werden, denn dies erhält die Frau nur für den Fall, daß sie den Mann überlebt. Mit der tercia mea muß also die Dos gemeint sein, die unter den aufgezählten Bestandtheilen des Frauengutes nicht fehlen konnte.

ältere Recht nicht sagen, daß die Verfangenschaft der Dos den Kindern das fehlende Wartrecht ersetzte.[41]

Demnach ist es auch unzulässig, die Dos als Gesammteigenthum der Mutter und der Kinder, als Gabe des Mannes an die Frau und die zu erwartenden Kinder aufzufassen.[42] Lex Salica 72,[43] eine Satzung, die wie ich anderwärts bemerkt habe, auf römisch-rechtliche Einflüsse zurückgeht, spricht von einer Verfangenschaft der Dos nur im Fall der Wiederverheirathung der Wittwe. Ficker will die Auffassung, daß die Dos schon bei der Verheirathung den zu erwartenden Kindern geschenkt sei, aus dem Satze gewinnen: sic tamen ut dotem, quem anterior maritus dedit, filiis suis post obitum matris sine ullum consorcium sibi vendicent ac defendant, indem er das dedit zu filiis suis zieht. Allein der Begriff einer Schenkung, die zur Zeit der Eheschließung an die Kinder erfolgt, die möglicherweise in der Ehe geboren werden, ist eine Abstraktion, zu der wir uns noch heute nicht aufschwingen können. Auch dem Kapitular zur Lex Salica ist sie fremd. Denn im folgenden Kapitel heißt es ausdrücklich, daß der Mann die Dos seiner Frau gegeben habe, dotem quem primarie uxorem dedit, und unmittelbar vorher ist von den solidi die Rede, die die Frau als Dos empfangen hat. Die Worte filiis suis sind im Einklang mit den Ausgaben, die hinter dedit interpungiren, als gleichbedeutend mit filii sui zu fassen.[44]

In den französischen Coutumes beträgt das gesetzliche Witthum der Frau entweder die Hälfte oder ein Drittel vom Gute und zwar in der Regel vom liegenden Gute des Mannes. Die Annahme, daß nur das Drittel auf älteres fränkisches Recht zurückgehe, lehnt Ficker ab.[45] Die Hälftung reiche nicht nur bis auf die Anfänge des Lehnwesens zurück, sondern dieses habe bereits eine landrechtliche Grundlage vorgefunden.

---

41) Man wird daher auch nicht so leicht, wie dies Ficker thut (III 376), über die Fassung zahlreicher, namentlich salfränkischer Formeln hinwegsehen dürfen, worin der Frau schlechtweg volle Verfügungsfreiheit über die Dos zugesprochen wird. Gerade wenn es von Alters her feststand, daß, falls die Ehe beerbt sein würde, die Dos den Kindern zu hinterlassen sei, mochte man, so meint Ficker, umsoweniger Anstand nehmen, die Ausdrücke anzuwenden, wie sie sonst bei Eigenthumsübertragungen üblich waren. Die oben angeführten Beispiele dürften ergeben, daß jene Ausdrücke nicht als Redensarten zu behandeln sind.

42) So Ficker, Erbenfolge III 378, 380.

43) Cap. II zur Lex Salica, c. 3 nach der Ausgabe Geffckens.

44) Die Verwechslung von Nominativ und Dativ kommt auch sonst nicht selten vor. Vgl. z. B. Capitularia II 62, 35: ut . . ad ipsos Langabordos perteneant ipse (ipsae, i. e. libere femine que sibi servi copulant) et filiis suis et filiabus eorum.

45) Erbenfolge III 246 f.

Ich glaube, daß man an dem höheren Alter des Drittels wird festhalten müssen. Das Cartularium langobardicum verlangt, daß bei der Dotirung durch einen Salier die tercia portio an Stelle der langobardischen quarta genannt werde.[46] In Urkunden aus Burgund, die dem Anfang des zehnten Jahrhunderts angehören, wird die Bestellung der Tertia geradezu als salisches Recht bezeichnet.[47] Die urkundlichen Beispiele gehen nicht nur bis in das neunte Jahrhundert hinauf.[48] Die Tertia ist älter als man bisher annahm. Denn sie ist für das siebente Jahrhundert durch Markulf, für das sechste durch die Urkunde Pardessus nr. 179 bezeugt. Daß das auf die Hälfte des Lehns bemessene Douaire bis auf die Anfänge des Lehnwesens zurückreiche, läßt sich füglich nicht mit dem Kapitular von 821, c. 9, I 301, nr. 148 in Einklang bringen, nach welchem die Wittwe den dritten Theil der aus dem Beneficium erworbenen und noch vorhandenen Errungenschaft erhalten soll. Mag man die Stelle im übrigen auslegen wie immer,[49] so wäre es doch höchst auffallend, wenn die Wittwe nach dem Tode des Mannes die Früchte des halben Beneficiums hätte beziehen können, während sie von den bis zum Tode des Mannes gewonnenen und noch vorhandenen Früchten nur ein Drittel beanspruchen konnte.[50]

Selbstverständlich war es auch im älteren Rechte nicht ausgeschlossen, daß der Mann seiner Frau die Hälfte seines Vermögens verschrieb. Allein nicht auf das Mögliche, sondern auf das Uebliche kommt es hier an.

Das zweite Kapitular zur Lex Salica[51] rechnet mit einer gesetzlichen oder doch mit einer gebräuchlichen Dos von $62^1/_2$ oder von 25 (30) Solidi. Die $62^1/_2$ Solidi gehen, wie ich anderwärts ausführte, wahrscheinlich auf ein Drittel des Wergeldes zurück.[52] Das Wergeld entspricht bekanntlich dem Werthe der Hufe und damit dem Durchschnittsvermögen des freien Mannes. Sonach könnte man die Dos von $62^1/_2$ Solidi ihrem Ursprunge nach gewissermaßen als eine durch Gewohnheitsrecht oder Uebung fixirte Tertia betrachten.

46) Cart. Langob. LL. IV 595, nr. 1. Bei der Verlobung einer salischen Wittwe Cartul. nr. 16 hat der Mann zu geloben, daß er der Frau die tercia portio verschreiben werde.

47) Chartes de Cluny nr. 358, Thévenin nr. 179 v. J. 928: in dotalicio tercia porcione tibi dono sicut lex salica commemorat.

48) Chartes de Cluny nr. 7 (833?), Thévenin nr. 175.

49) Ueber die Kontroverse siehe Sandhaas, Eheliches Güterrecht 1866, S. 121 f.

50) Das Kapitular setzt meines Erachtens einen Rechtszustand voraus, der jede Zucht am Lehen ausschließt.

51) Nach der Ausgabe Geffckens. Hessels 72.

52) Forschungen zur Geschichte des deutschen und des französischen Rechtes S. 482.

Nach alledem dürfte das Witthumsdrittel älter sein als die Witthumshälfte. Im älteren salischen Rechte gebührte der Frau in der Regel nicht die Hälfte, sondern ein Drittel vom beweglichen und unbeweglichen Vermögens des Mannes. Selbstverständlich konnten statt der Quoten bestimmte Güter der Frau als Dos gewidmet werden, deren Werth vermuthlich nicht selten dem dritten Theile des ehemännlichen Vermögens ungefähr entsprach. Ueber die Dos wurde der Frau häufig volle Verfügungsfreiheit eingeräumt, wodurch nicht ausgeschlossen war, daß das Witthum, soweit die Frau nicht darüber verfügt hatte, nach ihrem Tode an die Kinder oder sonstigen Erben des Mannes fallen sollte. Finden wir im coutumiären Rechte vielfach ein Douaire, das in der Leibzucht an der Hälfte der propres besteht, so kommt für diese Umwandlung in Betracht, daß in jüngeren Quellen gelegentlich der Usufructus an der Hälfte dem Eigenthum am Drittel gleichgestellt wird.[53]

Ist es unrichtig, daß den Kindern durch die Dos der Mutter das Drittel geschweige denn die Hälfte des väterlichen Vermögens gesichert war, so müßte es allerdings auffallen, wenn den Kindern jedes Wartrecht gefehlt haben sollte.

Sicher ist, daß nach älterem salischen Rechte Vergabungen aus ungetheilter Vermögensgemeinschaft unzulässig waren. In dem testamentum Abbonis von 739[54] berichtet der Testator, sein Vormund habe der Kirche von Le Gapençois die Hälfte seines Besitzthums schenken wollen, das ihm und seinem Mündel gehörte. Weil aber das beiden gemeinsame Vermögen noch nicht abgetheilt war, so sei er zur Schenkung nicht befugt gewesen. Sie sei deshalb unterblieben: dum per lege nulla exinde potuit delegare et facultates nostras indivisas remanserunt.

Nur eine Konsequenz der Unzulässigkeit von Verfügungen über den Antheil an der Ganerbschaft ist ein Rechtssatz, den das Kapitular zur Lex Salica von 820, c. 3, I 292, nr. 142 ausspricht. Die Lex Salica selbst[55] bestimmt, daß eine Frau, die sich mit dem Knechte eines Anderen

---

53) Coutume de Bretagne von 1580 ch. 199: nul ne peut donner plus que la tierce partie de ses immeubles par heritage ou la moitié d'iceux par usufruit. — Die Nachricht Beaumanoirs § 445 éd. Salmon 1899, I 212 (XIII, 12), daß Philipp August 1214 das gesetzliche Douaire auf die Hälfte des Gutes festsetzte, das der Mann am Tage der Hochzeit besaß, wird man nicht mit Ficker, Erbenfolge III 246 deshalb schlechtweg verwerfen dürfen, weil Beaumanoir auf Grund falscher Schlußfolgerungen annimmt, es habe vorher nur ein vertragsmäßiges Douaire gegeben. Zum mindesten wird man der auch von De Fontaines 21, § 45 erwähnten Ordonnanz nicht jeden Einfluß auf den Uebergang von dem Drittel zur Hälfte absprechen dürfen.

54) Pardessus Nr. 559, II 376.

55) Lex Sal. emend. 14, 11.

ehelich verbindet, ihre Freiheit einbüße. Das Kapitular fügt hinzu: omnes res quas habet, si eas cum parentibus suis divisas tenet, ad dominum cuius servum in coniugium accepit, perveniant. Die Verknechtung schließt den Uebergang ihres Vermögens an den Leibherrn in sich. War aber das väterliche oder mütterliche Vermögen noch nicht getheilt, so hat sie durch die Verknechtung jeden Anspruch darauf verloren. Et si cum parentibus suis res paternas vel maternas non divisit, nec alicui quaerenti respondere nec cum suis heredibus in rerum paternarum hereditate ultra divisor accedere potest. Ebenso sei es zu halten, wenn ein freier Franke eine fremde Magd zur Ehe nimmt. Der Rechtssatz wurde nicht erst durch das Kapitular eingeführt, sondern ist durch das diesem zu Grunde liegende Weisthum als geltendes Recht festgestellt worden. Schon ein Kapitular Karls des Großen von 805 setzt ihn voraus, indem es für den König als hergebrachtes Vorrecht in Anspruch nimmt, daß freie Leute, die sich mit Fiskalinen verheirathen, deshalb non de hereditate abiciantur.[56]) Hätte der Freie, der sich mit einer unfreien Person verbindet, über seinen Antheil an der Gemeinschaft vor der divisio verfügen können, so wäre mit der Verknechtung sein Theilungsanspruch auf den Leibherrn übergegangen. Allein das Gegentheil ist Rechtens. Erfolgt die divisio nach der Verknechtung, so hat der Unfreie als solcher keinen Anspruch auf Erbtheilung. Die Voraussetzung: si cum parentibus non divisit, erschöpft sich nicht durch den Fall, daß der Erblasser schon vor der Verknechtung starb und die Erben in ungetheilter Erbschaft sitzen blieben, sondern sie schließt auch den Fall in sich, daß sein Tod erst nach dem Zeitpunkt der Verknechtung eintrat. Da als Erblasser mit Rücksicht auf den hervorgehobenen Verlust der res paternae zunächst der Vater gedacht sein muß, so fällt nach der Auffassung des Kapitulars die Abschichtung eines Kindes durch den Vater unter den Begriff der divisio.

Als die Kapitularien Ludwigs I. von 816 [57] und 818/9 [58] die Exekution in das Vermögen eines Bußschuldners regelten, hatten sie mit Schwierigkeiten zu rechnen, die sich aus der ungetheilten Erbengemeinschaft ergeben konnten. War über das Vermögen des Missethäters die missio in bannum verhängt worden und zog er es nicht binnen Jahr und Tag aus dem Banne, so sollte das gefrohnte Gut der Konfiskation verfallen. Wie aber, wenn der Bußschuldner noch nicht mit seinen Ganerben abgetheilt hatte? Dann soll, so bestimmen jene Kapitularien, der Graf die Ganerben

56) Cap. I 125, nr. 44, c. 22.
57) Capitula legi addita 816, I 267, nr. 134, c. 5.
58) Capitula legibus addenda 818/9, I 283, nr. 139, c. 11.

zusammenrufen, mit ihnen die rechtmäßige divisio vornehmen und den Antheil des Schuldners dem Fiskus zusprechen, der seinerseits daraus den Gläubiger befriedigt. Die Antheilsquote des Schuldners wird also nicht etwa vom Fiskus durch Eintritt in die Gemeinschaft erworben, sondern die Konfiskation des Realtheils durch Vermittelung des gegen die Ganerben geübten Theilungszwanges durchgeführt.

Den amtlichen Theilungszwang verwendet das Kapitular von 818/9 auch als Auskunftsmittel für die Neuerung, durch die es die Möglichkeit von Vergabungen aus ungetheilter Gemeinschaft schuf. Das zu Aachen zu Stande gekommene Kapitular wurde zwar nicht speciell zur Lex Salica erlassen, erwuchs aber auf gemeinfränkischer Grundlage und war jedenfalls auch auf das salische Rechtsgebiet berechnet, wie es denn verschiedene Handschriften als ein salisches Kapitular überliefern. Es bestimmt in c. 6, daß Vergabungen, die außerhalb des Grafschaftsbezirkes der belegenen Sache erfolgen, wenn die Investitur verbürgt wird, für die Erben des Tradenten bindend sein sollen.[59]

Lebt der Tradent noch in ungetheilter Erbengemeinschaft, so soll er trotzdem über seinen Antheil verfügen können. Stirbt er, ehe er die divisio bewerkstelligt und die Uebergabe des Realtheils vollzogen hatte, so soll der Missus oder der Graf die Ganerben zwingen mit dem Bedachten abzutheilen.

Besondere Grundsätze stellt unser Kapitular auf für den Fall, daß die Abtheilung gegen die Ganerben des Tradenten rechtlich nicht durchführbar war, nämlich für Vergabungen, die an Kirchen aus ungetheilter Hausgemeinschaft durch einen unabgetheilten Sohn oder durch einen Vater oder Großvater erfolgen, der seine Söhne beziehungsweise Enkel noch nicht abgetheilt hat. Auf Grund solcher Vergabungen soll die bedachte Kirche zeitweilig in das Gemeinschaftsverhältniß eintreten, in welchem der Tradent sich befinden würde, wenn er noch lebte.[60] Et si cuilibet ecclesiae eam (hereditatem) tradere rogavit, coheres eius eam legem cum illa ecclesia de praedicta hereditate habeat, quam cum alio coherede suo habere debebat. Et hoc observetur erga patrem et filium et nepotem usque ad annos legitimos. Ist ein

---

59) Siehe meine Rechtsgeschichte der römischen und german. Urkunde S. 278 ff.

60) Darauf hat bereits S. Adler, Eheliches Güterrecht und Abschichtungsrecht nach den ältesten bairischen Rechtsquellen 1893, S. 9 ff. hingewiesen. Im Gegensatz zu Adler sehe ich in diesen Vorschriften ein Privileg der Kirchen und zwar ein Privileg, das nicht bloß für Vergabungen außerhalb der Grafschaft galt. Auch glaube ich nicht, daß das Vorrecht einen erhöhten Schutz der Hausgemeinschaft bezweckte.

unabgetheilter Sohn Tradent, so erfolgt die Abtheilung mit der Kirche natürlich erst mit dem Tode des Vaters.[61] Haben Vater oder Großvater die Kirche bedacht, so theilt diese mit den Kindern oder Enkeln ab, sobald sie mündig geworden sind. Bis dahin bleibt die Kirche im ganerbschaftlichen Verhältniß.

Das Auskunftsmittel, die Kirche in die Gemeinschaft aufzunehmen, wurde nur gewählt, weil eine divisio nicht durchführbar war. Ein unabgeschichteter Sohn konnte den Vater nicht zur Abtheilung zwingen,[62] daher auch nicht der Missus oder Graf zu Gunsten der Kirche, die eben nur in das Recht des Sohnes succedirt war. Daß der Vater den unmündigen Sohn nicht abschichten konnte, ist für das altsalische Recht zum mindesten wahrscheinlich.[63] Nach der Mehrzahl der älteren französischen Coutumes setzte die Entlassung aus der Hausgemeinschaft voraus, daß der Sohn zu seinen Jahren gekommen sei.[64] Abgesehen davon hätte die Kirche mit dem Unmündigen keine wirksame divisio vornehmen können, weil er nach erreichter Mündigkeit das Rechtsgeschäft, das er als Unmündiger geschlossen, widerrufen oder anfechten konnte.[65]

Vater und Söhne, Großvater und Enkel gelten dem Kapitular vor der Abschichtung als coheredes, Ganerben.[66] Der Ausdruck findet sich auch in jüngeren Quellen um die in Vermögensgemeinschaft befindlichen Eltern und Kinder zusammenzufassen.[67]

Aus den Vorschriften des Kapitulars über den Eintritt der bedachten Kirche in ein ganerbschaftliches Verhältniß schließt man mit gutem Grunde, daß der Sohn schon bei Lebzeiten des Vaters ein Anrecht auf eine Quote des väterlichen Gutes hatte, ein Anrecht, dem der Gedanke einer zwischen ihnen bestehenden Rechtsgemeinschaft zu Grunde liegt.[68]

---

61) Die Worte usque ad annos legitimos können selbstverständlich nicht auf das Verhältniß zum Vater bezogen werden.

62) Schröder, D. R.G. 3. Aufl. S. 320. Ueber das französische Recht siehe von Salis, Beitrag zur Geschichte der väterlichen Gewalt nach altfranzösischem Recht in der Z. der Savigny-Stiftung, germ. Abth. VII, 172 ff., 177, 190.

63) Argum. Lex Sal. 73 (Hessels) = Cap. II zur Lex Salica c. 4 (Ausgabe Geffckens).

64) Beaumanoir c. 21, 20. v. Salis a. O. S. 183.

65) Vgl. Schröder, D. R.G. 3. Aufl. S. 264.

66) Die fränkische Uebersetzung von c. 6 des Capit. leg. add. 818/9 giebt coheres mit geanervo wieder.

67) So z. B. in der Urkunde Lörsch und Schröder nr. 100 aus dem 11. Jahrhundert, wo anläßlich eines Grundstückskaufes Franken als Zeugen zugezogen werden, quod predictum predium in terra Francorum situm est et prenominata matrona cum suis coheredibus Francorum lege regenda et cohercenda est.

68) Adler a. O. S. 11. Vgl. Schröder, D. R.G. 3. Aufl. S. 272, Anm. 50.

Wenn die Ueberschrift des Kapitels lautet: ut omnis homo liber potestatem habeat, ubicumque voluerit, res suas dare pro salute animae suae, so wird man daraus nicht auf das Fehlen des Wartrechtes schließen können.[69] Denn wie der Inhalt des Kapitels ersehen läßt, ist damit nur gemeint, daß man nur nach erfolgter divisio, ohne solche nur über seine portio, verfügen könne.

Ueber die Größe des väterlichen Freitheils geben die älteren Quellen keinen Aufschluß. So weit wir aus den Tochterrechten des salischen Rechtes zurückschließen dürfen, scheint die Quote eine örtlich verschiedene gewesen zu sein. Dabei fällt ins Gewicht, daß in zahlreichen Coutumes der Freitheil entweder für Vergabungen überhaupt [70] oder doch für letztwillige Verfügungen ein Drittel des liegenden Erbgutes beträgt und daß jene wichtige Gruppe von Rechten auch hinsichtlich der Fahrniß den Freitheil auf ein Drittel beschränkt.[71] Wenn wir daneben das Alter und die Verbreitung der salfränkischen Tertia berücksichtigen, so werden wir es für wahrscheinlich halten müssen, daß bei den Salfranken in älterer Zeit ein ausgedehntes örtliches Gewohnheitsrecht bestand, nach welchem die Kinder ein Wartrecht an dem dritten Theile des Vatergutes besaßen.

Möglich wäre der Einwand, daß das Recht des Sohnes nicht das väterliche Vermögen als solches betreffe, sondern daß sich eine Gemeinschaft zwischen Vater und Sohn nach dem Tode der Mutter — etwa mit Rücksicht auf die Tertia — habe ergeben können. Abgesehen davon, daß der Wortlaut des Kapitulars keinen Anlaß bietet, es auf solche Fälle einzuschränken, würde doch wohl der mündige Sohn den Anspruch auf Theilung und auf Herausgabe der Tertia gehabt haben. Damit fehlte der Anlaß bei Vergabungen des Sohnes, die bedachte Kirche in die Gemeinschaft mit dem Vater eintreten zu lassen.

69) Anderer Ansicht Ficker, Erbenfolge III 383.

70) Très ancien Coutumier de Normandie c. 89: quilibet potest donare usque ad terciam partem liberi tenementi sui in elemosinam vel pro servicio. Compilatio de usibus Andegaviae § 43: il est usage que gentilhome puit aumoner de sa terre la tierce partie sanz contenz. Très ancienne Coutume de Bretagne ch. 41: toute personne . . pout donner le tierz de son heritage à autre personne que à ses hoirs. Im Uebrigen vergleiche Warnkönig, Franz. Staats- und Rechtsgeschichte II 489, 490 u 490, Anm. 1.

71) Ich denke dabei an die Rechte, die Ficker als normannisch-friesische zusammenfaßt. Sie schließen ein gut Theil fränkischer Rechte in sich, wie denn Ficker wiederhol erklärt, daß er zu den friesischen Rechten auch Rechte zähle, die dem friesischen zunächst verwandt seien. Siehe etwa Ficker IV 382, 394. Damit wird jener Begriff unbrauchbar, zumal wenn, wie IV 394, zugegeben wird, daß bei den Nichtfriesen, die jener Gruppe angehören, die Drittelsgemeinschaft üblicher gewesen sein mag als bei den Friesen im engeren Sinne.

Lippert & Co. (G. Pätz'sche Buchdruckerei), Naumburg a S.